Guillaume Apollinaire

ALCOOLS

(1898 - 1912)

Zone

À la fin tu es las de ce monde ancien

Bergère ô tour Eiffel le troupeau des ponts bêle ce matin

Tu en as assez de vivre dans l'antiquité grecque et romaine

Ici même les automobiles ont l'air d'être anciennes
La religion seule est restée toute neuve la religion
Est restée simple comme les hangars de Port-Aviation

Seul en Europe tu n'es pas antique ô Christianisme
L'Européen le plus moderne c'est vous Pape Pie X
Et toi que les fenêtres observent la honte te retient
D'entrer dans une église et de t'y confesser ce matin
Tu lis les prospectus les catalogues les affiches qui chantent tout haut
Voilà la poésie ce matin et pour la prose il y a les journaux
Il y a les livraisons à 25 centimes pleines d'aventures policières
Portraits des grands hommes et mille titres divers

J'ai vu ce matin une jolie rue dont j'ai oublié le nom
Neuve et propre du soleil elle était le clairon
Les directeurs les ouvriers et les belles sténo-dactylographes
Du lundi matin au samedi soir quatre fois par jour y passent
Le matin par trois fois la sirène y gémit
Une cloche rageuse y aboie vers midi
Les inscriptions des enseignes et des murailles
Les plaques les avis à la façon des perroquets criaillent

J'aime la grâce de cette rue industrielle
Située à Paris entre la rue Aumont-Thiéville et l'avenue des Ternes

Voilà la jeune rue et tu n'es encore qu'un petit enfant
Ta mère ne t'habille que de bleu et de blanc
Tu es très pieux et avec le plus ancien de tes camarades René Dalize
Vous n'aimez rien tant que les pompes de l'Église
Il est neuf heures le gaz est baissé tout bleu vous sortez du dortoir en cachette
Vous priez toute la nuit dans la chapelle du collège
Tandis qu'éternelle et adorable profondeur améthyste
Tourne à jamais la flamboyante gloire du Christ
C'est le beau lys que tous nous cultivons
C'est la torche aux cheveux roux que n'éteint pas le vent
C'est le fils pâle et vermeil de la douloureuse mère
C'est l'arbre toujours touffu de toutes les prières
C'est la double potence de l'honneur et de l'éternité
C'est l'étoile à six branches
C'est Dieu qui meurt le vendredi et ressuscite le dimanche

C'est le Christ qui monte au ciel mieux que les aviateurs
Il détient le record du monde pour la hauteur

Pupille Christ de l'œil
Vingtième pupille des siècles il sait y faire
Et changé en oiseau ce siècle comme Jésus monte dans l'air
Les diables dans les abîmes lèvent la tête pour le regarder
Ils disent qu'il imite Simon Mage en Judée
Ils crient s'il sait voler qu'on l'appelle voleur
Les anges voltigent autour du joli voltigeur
Icare Enoch Elie Apollonius de Thyane
Flottent autour du premier aéroplane

Ils s'écartent parfois pour laisser passer ceux que transporte la Sainte-Eucharistie
Ces prêtres qui montent éternellement élevant l'hostie
L'avion se pose enfin sans refermer les ailes
Le ciel s'emplit alors de millions d'hirondelles
À tire-d'aile viennent les corbeaux les faucons les hiboux
D'Afrique arrivent les ibis les flamants les marabouts
L'oiseau Roc célébré par les conteurs et les poètes
Plane tenant dans les serres le crâne d'Adam la première tête
L'aigle fond de l'horizon en poussant un grand cri
Et d'Amérique vient le petit colibri
De Chine sont venus les pihis longs et souples
Qui n'ont qu'une seule aile et qui volent par couples
Puis voici la colombe esprit immaculé
Qu'escortent l'oiseau-lyre et le paon ocellé
Le phénix ce bûcher qui soi-même s'engendre
Un instant voile tout de son ardente cendre
Les sirènes laissant les périlleux détroits
Arrivent en chantant bellement toutes trois
Et tous aigle phénix et pihis de la Chine
Fraternisent avec la volante machine

Maintenant tu marches dans Paris tout seul parmi la foule
Des troupeaux d'autobus mugissants près de toi roulent
L'angoisse de l'amour te serre le gosier
Comme si tu ne devais jamais plus être aimé
Si tu vivais dans l'ancien temps tu entrerais dans un monastère
Vous avez honte quand vous vous surprenez à dire une prière
Tu te moques de toi et comme le feu de l'Enfer ton rire pétille
Les étincelles de ton rire dorent le fond de ta vie
C'est un tableau pendu dans un sombre musée
Et quelquefois tu vas le regarder de près

Aujourd'hui tu marches dans Paris les femmes sont ensanglantées
C'était et je voudrais ne pas m'en souvenir c'était au déclin de la beauté

Entourée de flammes ferventes Notre-Dame m'a regardé à Chartres
Le sang de votre Sacré-Cœur m'a inondé à Montmartre
Je suis malade d'ouïr les paroles bienheureuses
L'amour dont je souffre est une maladie honteuse
Et l'image qui te possède te fait survivre dans l'insomnie et dans l'angoisse
C'est toujours près de toi cette image qui passe

Maintenant tu es au bord de la Méditerranée
Sous les citronniers qui sont en fleur toute l'année
Avec tes amis tu te promènes en barque
L'un est Nissard il y a un Mentonasque et deux Turbiasques
Nous regardons avec effroi les poulpes des profondeurs
Et parmi les algues nagent les poissons images du Sauveur

Tu es dans le jardin d'une auberge aux environs de Prague
Tu te sens tout heureux une rose est sur la table
Et tu observes au lieu d'écrire ton conte en prose
La cétoine qui dort dans le cœur de la rose

Épouvanté tu te vois dessiné dans les agates de Saint-Vit
Tu étais triste à mourir le jour où tu t'y vis
Tu ressembles au Lazare affolé par le jour
Les aiguilles de l'horloge du quartier juif vont à rebours
Et tu recules aussi dans ta vie lentement
En montant au Hradchin et le soir en écoutant
Dans les tavernes chanter des chansons tchèques

Te voici à Marseille au milieu des pastèques

Te voici à Coblence à l'hôtel du Géant

Te voici à Rome assis sous un néflier du Japon

Te voici à Amsterdam avec une jeune fille que tu trouves belle et qui est laide
Elle doit se marier avec un étudiant de Leyde
On y loue des chambres en latin Cubicula locanda

Je m'en souviens j'y ai passé trois jours et autant à Gouda

Tu es à Paris chez le juge d'instruction
Comme un criminel on te met en état d'arrestation

Tu as fait de douloureux et de joyeux voyages
Avant de t'apercevoir du mensonge et de l'âge
Tu as souffert de l'amour à vingt et à trente ans
J'ai vécu comme un fou et j'ai perdu mon temps

Tu n'oses plus regarder tes mains et à tous moments je voudrais sangloter
Sur toi sur celle que j'aime sur tout ce qui t'a épouvanté
Tu regardes les yeux pleins de larmes ces pauvres émigrants
Ils croient en Dieu ils prient les femmes allaitent des enfants
Ils emplissent de leur odeur le hall de la gare Saint-Lazare
Ils ont foi dans leur étoile comme les rois-mages
Ils espèrent gagner de l'argent dans l'Argentine
Et revenir dans leur pays après avoir fait fortune
Une famille transporte un édredon rouge comme vous transportez votre cœur

Cet édredon et nos rêves sont aussi irréels
Quelques-uns de ces émigrants restent ici et se logent
Rue des Rosiers ou rue des Écouffes dans des bouges
Je les ai vus souvent le soir ils prennent l'air dans la rue
Et se déplacent rarement comme les pièces aux échecs
Il y a surtout des Juifs leurs femmes portent perruque
Elles restent assises exsangues au fond des boutiques

Tu es debout devant le zinc d'un bar crapuleux
Tu prends un café à deux sous parmi les malheureux

Tu es la nuit dans un grand restaurant

Ces femmes ne sont pas méchantes elles ont des soucis cependant
Toutes même la plus laide a fait souffrir son amant

Elle est la fille d'un sergent de ville de Jersey

Ses mains que je n'avais pas vues sont dures et gercées

J'ai une pitié immense pour les coutures de son ventre

J'humilie maintenant à une pauvre fille au rire horrible ma bouche

Tu es seul le matin va venir
Les laitiers font tinter leurs bidons dans les rues

La nuit s'éloigne ainsi qu'une belle Métive
C'est Ferdine la fausse ou Léa l'attentive

Et tu bois cet alcool brûlant comme ta vie
Ta vie que tu bois comme une eau-de-vie

Tu marches vers Auteuil tu veux aller chez toi à pied
Dormir parmi tes fétiches d'Océanie et de Guinée
Ils sont des Christ d'une autre forme et d'une autre croyance
Ce sont les Christ inférieurs des obscures espérances

Adieu Adieu

Soleil cou coupé

LE PONT MIRABEAU

Sous le pont Mirabeau coule la Seine
Et nos amours
Faut-il qu'il m'en souvienne
La joie venait toujours après la peine.

Vienne la nuit sonne l'heure
Les jours s'en vont je demeure

Les mains dans les mains restons face à face
Tandis que sous
Le pont de nos bras passe
Des éternels regards l'onde si lasse

Vienne la nuit sonne l'heure
Les jours s'en vont je demeure

L'amour s'en va comme cette eau courante
L'amour s'en va
Comme la vie est lente
Et comme l'Espérance est violente

Vienne la nuit sonne l'heure
Les jours s'en vont je demeure

Passent les jours et passent les semaines
Ni temps passé

Ni les amours reviennent

Sous le pont Mirabeau coule la Seine

La Chanson du Mal-Aime

A Paul Léautaud

Et je chantais cette romance
En 1903 sans savoir
Que mon amour à la semblance
Du beau Phénix s'il meurt un soir
Le matin voit sa renaissance.

Un soir de demi-brume à Londres
Un voyou qui ressemblait à
Mon amour vint à ma rencontre
Et le regard qu'il me jeta
Me fit baisser les yeux de honte

Je suivis ce mauvais garçon
Qui sifflotait mains dans les poches
Nous semblions entre les maisons
Onde ouverte de la Mer Rouge
Lui les Hébreux moi Pharaon

Oue tombent ces vagues de briques
Si tu ne fus pas bien aimée
Je suis le souverain d'Égypte
Sa sœur-épouse son armée
Si tu n'es pas l'amour unique

Au tournant d'une rue brûlant
De tous les feux de ses façades

Plaies du brouillard sanguinolent
Où se lamentaient les façades
Une femme lui ressemblant

C'était son regard d'inhumaine
La cicatrice à son cou nu
Sortit saoule d'une taverne
Au moment où je reconnus
La fausseté de l'amour même

Lorsqu'il fut de retour enfin
Dans sa patrie le sage Ulysse
Son vieux chien de lui se souvint
Près d'un tapis de haute lisse
Sa femme attendait qu'il revînt

L'époux royal de Sacontale
Las de vaincre se réjouit
Quand il la retrouva plus pâle
D'attente et d'amour yeux pâlis
Caressant sa gazelle mâle

J'ai pensé à ces rois heureux
Lorsque le faux amour et celle
Dont je suis encore amoureux
Heurtant leurs ombres infidèles
Me rendirent si malheureux

Regrets sur quoi l'enfer se fonde
Qu'un ciel d'oubli s'ouvre à mes vœux

Pour son baiser les rois du monde
Seraient morts les pauvres fameux
Pour elle eussent vendu leur ombre

J'ai hiverné dans mon passé
Revienne le soleil de Pâques
Pour chauffer un cœur plus glacé
Que les quarante de Sébaste
Moins que ma vie martyrisés

Mon beau navire ô ma mémoire
Avons-nous assez navigué
Dans une onde mauvaise à boire
Avons-nous assez divagué
De la belle aube au triste soir

Adieu faux amour confondu
Avec la femme qui s'éloigne
Avec celle que j'ai perdue
L'année dernière en Allemagne
Et que je ne reverrai plus

Voie lactée ô sœur lumineuse
Des blancs ruisseaux de Chanaan
Et des corps blancs des amoureuses
Nageurs morts suivrons-nous d'ahan
Ton cours vers d'autres nébuleuses

Je me souviens d'une autre année
C'était l'aube d'un jour d'avril

J'ai chanté ma joie bien-aimée
Chanté l'amour à voix virile
Au moment d'amour de l'année

Aubade chantée à Laetare l'an passé

C'est le printemps viens-t'en Pâquette
Te promener au bois joli
Les poules dans la cour caquètent
L'aube au ciel fait de roses plis
L'amour chemine à ta conquête

Mars et Vénus sont revenus
Ils s'embrassent à bouches folles
Devant des sites ingénus
Où sous les roses qui feuillolent
De beaux dieux roses dansent nus

Viens ma tendresse est la régente
De la floraison qui paraît
La nature est belle et touchante
Pan sifflote dans la forêt
Les grenouilles humides chantent

Beaucoup de ces dieux...

Beaucoup de ces dieux ont péri
C'est sur eux que pleurent les saules
Le grand Pan l'amour Jésus-Christ
Sont bien morts et les chats miaulent
Dans la cour je pleure à Paris

Moi qui sais des lais pour les reines
Les complaintes de mes années
Des hymnes d'esclave aux murènes
La romance du mal aimé
Et des chansons pour les sirènes

L'amour est mort j'en suis tremblant
J'adore de belles idoles
Les souvenirs lui ressemblant
Comme la femme de Mausole
Je reste fidèle et dolent

Je suis fidèle comme un dogue
Au maître le lierre au tronc
Et les Cosaques Zaporogues
Ivrognes pieux et larrons
Aux steppes et au décalogue

Portez comme un joug le Croissant
Qu'interrogent les astrologues
Je suis le Sultan tout-puissant

O mes Cosaques Zaporogues
Votre Seigneur éblouissant

Devenez mes sujets fidèles
Leur avait écrit le Sultan
Ils rirent à cette nouvelle
Et répondirent à l'instant
A la lueur d'une chandelle

Réponse des Cosaques Zaporogues au Sultan de Constantinople

Plus criminel que Barrabas
Cornu comme les mauvais anges
Quel Belzébuth es-tu là-bas
Nourri d'immondice et de fange
Nous n'irons pas à tes sabbats

Poisson pourri de Salonique
Long collier des sommeils affreux
D'yeux arrachés à coup de pique
Ta mère fit un pet foireux
Et tu naquis de sa colique

Bourreau de Podolie Amant
Des plaies des ulcères des croûtes
Groin de cochon cul de jument
Tes richesses garde-les toutes
Pour payer tes médicaments

Voie lactée {1}

Voie lactée ô sœur lumineuse
Des blancs ruisseaux de Chanaan
Et des corps blancs des amoureuses
Nageurs morts suivrons nous d'ahan
Ton cours vers d'autres nébuleuses

Regret des yeux de la putain
Et belle comme une panthère
Amour vos baisers florentins
Avaient une saveur amère
Qui a rebuté nos destins

Ses regards laissaient une traîne
D'étoiles dans les soirs tremblants
Dans ses yeux nageaient les sirènes
Et nos baisers mordus sanglants
Faisaient pleurer nos fées marraines

Mais en vérité je l'attends
Avec mon cœur avec mon âme
Et sur le pont des Reviens-t'en
Si jamais reviens cette femme
Je lui dirai Je suis content

Mon cœur et ma tête se vident
Tout le ciel s'écoule par eux
O mes tonneaux des Danaïdes

Comment faire pour être heureux
Comme un petit enfant candide

Je ne veux jamais l'oublier
Ma colombe ma blanche rade
O marguerite exfoliée
Mon île au loin ma Désirade
Ma rose mon giroflier

Les satyres et les pyraustes
Les égypans les feux follets
Et les destins damnés ou faustes
La corde au cou comme à Calais
Sur ma douleur quel holocauste

Douleur qui doubles les destins
La licorne et le capricorne
Mon âme et mon corps incertains
Te fuient ô bûcher divin qu'ornent
Des astres des fleurs du matin

Malheur dieu pâle aux yeux d'ivoire
Tes prêtres fous t'ont-ils paré
Tes victimes en robe noire
Ont-elles vainement pleuré
Malheur dieu qu'il ne faut pas croire

Et toi qui me suis en rampant
Dieu de mes dieux morts en automne
Tu mesures combien d'empans

J'ai droit que la terre me donne
O mon ombre ô mon vieux serpent

Au soleil parce que tu l'aimes
Je t'ai menée souviens-t'en bien
Ténébreuse épouse que j'aime
Tu es à moi en n'étant rien
O mon ombre en deuil de moi-même

L'hiver est mort tout enneigé
On a brûlé les ruches blanches
Dans les jardins et les vergers
Les oiseaux chantent sur les branches
Le printemps clair l'Avril léger

Mort d'immortels argyraspides
La neige aux boucliers d'argent
Fuit les dendrophores livides
Du printemps cher aux pauvres gens
Qui resourient les yeux humides

Et moi j'ai le cœur aussi gros
Qu'un cul de dame damascène
O mon amour je t'aimais trop
Et maintenant j'ai trop de peine
Les sept épées hors du fourreau

Sept épées de mélancolie
Sans morfil ô claires douleurs
Sont dans mon cœur et la folie

Veut raisonner pour mon malheur

Comment voulez-vous que j'oublie

Les sept épées

La première est toute d'argent
Et son nom tremblant c'est Pâline
Sa lame un ciel d'hiver neigeant
Son destin sanglant gibeline
Vulcain mourut en la forgeant

La seconde nommée Noubosse
Est un bel arc-en-ciel joyeux
Les dieux s'en servent à leurs noces
Elle a tué trente Bé-Rieux
Et fut douée par Carabosse

La troisième bleu féminin
N'en est pas moins un chibriape
Appelé Lul de Faltenin
Et que porte sur une nappe
L'Hermès Ernest devenu nain

La quatrième Malourène
Est un fleuve vert et doré
C'est le soir quand les riveraines
Y baignent leurs corps adorés
Et des chants de rameurs s'y trainent

La cinquième Sainte-Fabeau
C'est la plus belle des quenouilles
C'est un cyprès sur un tombeau

Où les quatre vents s'agenouillent
Et chaque nuit c'est un flambeau

La Sixième métal de gloire
C'est l'ami aux si douces mains
Dont chaque matin nous sépare
Adieu voilà votre chemin
Les coqs s'épuisaient en fanfares

Et la septième s'exténue
Une femme une rose morte
Merci que le dernier venu
Sur mon amour ferme la porte
Je ne vous ai jamais connue

Voie lactée {2}

Voie lactée ô sœur lumineuse
Des blancs ruisseaux de Chanaan
Et des corps blancs des amoureuses
Nageurs morts suivrons-nous d'ahan
Ton cours vers d'autres nébuleuses

Les démons du hasard selon
Le chant du firmament nous mènent
A sons perdus leurs violons
Font danser notre race humaine
Sur la descente à reculons

Destins destins impénétrables
Rois secoués par la folie
Et ces grelottantes étoiles
De fausses femmes dans vos lits
Aux déserts que l'histoire accable

Luitpold le vieux prince régent
Tuteur de deux royautés folles
Sanglote-t-il en y songeant
Quand vacillent les lucioles
Mouches dorées de la Saint-Jean

Près d'un château sans châtelaine
La barque aux barcarols chantants
Sur un lac blanc et sous l'haleine

Des vents qui tremblent au printemps
Voguait cygne mourant sirène

Un jour le roi dans l'eau d'argent
Se noya puis la bouche ouverte
Il s'en revint en surnageant
Sur la rive dormir inerte
Face tournée au ciel changeant

Juin ton soleil ardente lyre
Brûle mes doigts endoloris
Triste et mélodieux délire
J'erre à travers mon beau Paris
Sans avoir le cœur d'y mourir

Les dimanches s'y éternisent
Et les orgues de Barbarie
Y sanglotent dans les cours grises
Les fleurs aux balcons de Paris
Penchent comme la tour de Pise

Soirs de Paris ivres du gin
Flambant de l'électricité
Les tramways feux verts sur l'échine
Musiquent au long des portées
De rails leur folie de machines

Les cafés gonflés de fumée
Crient tout l'amour de leurs tziganes
De tous leurs siphons enrhumés

De leurs garçons vêtus d'un pagne
Vers toi toi que j'ai tant aimée

Moi qui sais des lais pour les reines
Les complaintes de mes années
Des hymnes d'esclave aux murènes
La romance du mal aimé
Et des chansons pour les sirènes

Les colchiques

Le pré est vénéneux mais joli en automne
Les vaches y paissant
Lentement s'empoisonnent
Le colchique couleur de cerne et de lilas
Y fleurit tes yeux sont comme cette fleur-la
Violatres comme leur cerne et comme cet automne
Et ma vie pour tes yeux lentement s'empoisonne

Les enfants de l'école viennent avec fracas
Vêtus de hoquetons et jouant de l'harmonica
Ils cueillent les colchiques qui sont comme des mères
Filles de leurs filles et sont couleur de tes paupières
Qui battent comme les fleurs battent au vent dément

Le gardien du troupeau chante tout doucement
Tandis que lentes et meuglant les vaches abandonnent
Pour toujours ce grand pré mal fleuri par l'automne

Palais

A Max Jacob

Vers le palais de Rosemonde au fond du Rêve
Mes rêveuses pensées pieds nus vont en soirée
Le palais don du roi comme un roi nu s'élève
Des chairs fouettées des roses de la roseraie

On voit venir au fond du jardin mes pensées
Qui sourient du concert joué par les grenouilles
Elles ont envie des cyprès grandes quenouilles
Et le soleil miroir des roses s'est brisé

Le stigmate sanglant des mains contre les vitres
Quel archet mal blessé du couchant le troua
La résine qui rend amer le vin de Chypre
Ma bouche aux agapes d'agneau blanc l'éprouva

Sur les genoux pointus du monarque adultère
Sur le mai de son âge et sur son trente et un
Madame Rosemonde roule avec mystère
Ses petits yeux tout ronds pareils aux yeux des Huns

Dame de mes pensées au cul de perle fine
Dont ni perle ni cul n'égale l'orient
Qui donc attendez-vous
De rêveuses pensées en marche à l'Orient
Mes plus belles voisines

Toc toc Entrez dans l'antichambre le jour baisse
La veilleuse dans l'ombre est un bijou d'or cuit
Pendez vos têtes aux patères par les tresses
Le ciel presque nocturne a des lueurs d'aiguilles

On entra dans la salle à manger les narines
Reniflaient une odeur de graisse et de graillon
On eut vingt potages dont trois couleurs d'urine
Et le roi prit deux œufs pochés dans du bouillon

Puis les marmitons apportèrent les viandes
Des rôtis de pensées mortes dans mon cerveau
Mes beaux rêves mort-nés en tranches bien saignantes
Et mes souvenirs faisandés en godiveaux

Or ces pensées mortes depuis des millénaires
Avaient le fade goût des grands mammouths gelés
Les os ou songe-creux venaient des ossuaires
En danse macabre aux plis de mon cervelet

Et tous ces mets criaient des choses nonpareilles
Mais nom de Dieu!
Ventre affamé n'a pas d'oreilles
Et les convives mastiquaient à qui mieux mieux

Ah! nom de Dieu! qu'ont donc crié ces entrecôtes
Ces grands pâtés ces os à moelle et mirotons
Langues de feu où sont-elles mes pentecôtes
Pour mes pensées de tous pays de tous les temps

CHANTRE

Et l'unique cordeau des trompettes marines

Crepuscule

A Mademoiselle Marie Laurencin

Frôlée par les ombres des morts
Sur l'herbe où le jour s'exténue
L'arlequine s'est mise nue
Et dans l'étang mire son corps

Un charlatan crépusculaire
Vante les tours que l'on va faire
Le ciel sans teinte est constellé
D'astres pâles comme du lait

Sur les tréteaux l'arlequin blême
Salue d'abord les spectateurs
Des sorciers venus de Bohême
Quelques fées et les enchanteurs

Ayant décroché une étoile
Il la manie à bras tendu
Tandis que des pieds un pendu
Sonne en mesure les cymbales

L'aveugle berce un bel enfant
La biche passe avec ses faons
Le nain regarde d'un air triste
Grandir l'arlequin trismégiste

Annie

Sur la côte du Texas
Entre Mobile et Galveston il y a
Un grand jardin tout plein de roses
Il contient aussi une villa
Qui est une grande rose

Une femme se promène souvent
Dans le jardin toute seule
Et quand je passe sur la route bordée de tilleuls
Nous nous regardons

Comme cette femme est mennonite
Ses rosiers et ses vêtements n'ont pas de boutons
Il en manque deux à mon veston
La dame et moi suivons presque le même rite

La maison des morts

A Maurice Raynal

S'étendant sur les côtés du cimetière
La maison des morts l'encadrait comme un cloître
A l'intérieur de ses vitrines
Pareilles à celles des boutiques de modes
Au lieu de sourire debout
Les mannequins grimaçaient pour l'éternité

Arrivé à Munich depuis quinze ou vingt jours
J'étais entré pour la première fois et par hasard
Dans ce cimetière presque désert
Et je claquais des dents
Devant toute cette bourgeoisie
Exposée et vêtue le mieux possible
En attendant la sépulture

Soudain
Rapide comme ma mémoire
Les yeux ses rallumèrent
De cellule vitrée en cellule vitrée
Le ciel se peupla d'une apocalypse
Vivace

Et la terra plate à l'infini
Comme avant Galilée
Se couvrit de mille mythologies immobiles
Un ange en diamant brisa toutes les vitrines
Et les morts m'accostèrent

Avec des mines de l'autre monde

Mais leur visage et leurs attitudes
Devinrent bientôt moins funèbres
Le ciel et la terre perdirent
Leur aspect fantasmagorique

Les morts se réjouissaient
De voir leurs corps trépassés entre eux et la lumière
Ils riaient de voir leur ombre et l'observaient
Comme si véritablement
C'eût été leur vie passée

Alors je les dénombrai
Ils étaient quarante-neuf hommes
Femmes et enfants
Qui embellissaient à vue d'œil
Et me regardaient maintenant
Avec tant de cordialité
Tant de tendresse même
Que les prenant en amitié

Tout à coup
Je les invitai à une promenade Loin des arcades de leur maison

Et tous bras dessus bras dessous
Fredonnant des airs militaires
Oui tous vos péchés sont absous
Nous quittâmes le cimetière

Nous traversâmes la ville

Et rencontrions souvent
Des parents des amis qui se joignaient
A la petite troupe des morts récents
Tous étaient si gais
Si charmants si bien portants
Que bien malin qui aurait pu
Distinguer les morts des vivants

Puis dans la campagne
On s'éparpilla
Deux chevau-légers nous joignirent
On leur fit fête
Ils coupèrent du bois de viorne
Et de sureau
Dont ils firent des sifflets
Qu'ils distribuèrent aux enfants

Plus tard dans un bal champêtre
Les couples mains sur les épaules
Dansèrent au son aigre des cithares

Ils n'avaient pas oublié la danse
Ces morts et ces mortes
On buvait aussi
Et de temps à autre une cloche
Annonçait qu'un autre tonneau
Allait être mis en perce
Une morte assise sur un banc
Près d'un buisson d'épine-vinette
Laissait un étudiant
Agenouillé à ses pieds

Lui parler de fiançailles

Je vous attendrai
Dix ans vingt ans s'il le faut
Votre volonté sera la mienne

Je vous attendrai
Toute votre vie
Répondait la morte

Des enfants
De ce monde ou bien de l'autre
Chantaient de ces rondes
Aux paroles absurdes et lyriques
Qui sans doute sont les restes
Des plus anciens monuments poétiques
De l'humanité

L'étudiant passa une bague
A l'annulaire de la jeune morte
Voici le gage de mon amour
De nos fiançailles
Ni le temps ni l'absence
Ne nous feront oublier nos promesses

Et un jour nous auront une belle noce
Des touffes de myrte
A nos vêtements et dans vos cheveux
Un beau sermon à l'église
De longs discours après le banquet
Et de la musique

De la musique

Nos enfants
Dit la fiancée
Seront plus beaux plus beaux encore
Hélas! la bague était brisée
Que s'ils étaient d'argent ou d'or
D'émeraude ou de diamant
Seront plus clairs plus clairs encore
Que les astres du firmament
Que la lumière de l'aurore
Que vos regards mon fiancé
Auront meilleure odeur encore
Hélas! la bague était brisée
Que le lilas qui vient d'éclore
Que le thym la rose ou qu'un brin
De lavande ou de romarin

Les musiciens s'en étant allés
Nous continuâmes la promenade

Au bord d'un lac
On s'amusa à faire des ricochets
Avec des cailloux plats
Sur l'eau qui dansait à peine

Des barques étaient amarrées
Dans un havre
On les détacha
Après que toute la troupe se fut embarquée
Et quelques morts ramaient

Avec autant de vigueur que les vivants

A l'avant du bateau que je gouvernais
Un mort parlait avec une jeune femme
Vêtue d'une robe jaune
D'un corsage noir
Avec des rubans bleus et d'un chapeau gris
Orné d'une seule petite plume défrisée

Je vous aime
Disait-il
Comme le pigeon aime la colombe
Comme l'insecte nocturne
Aime la lumière

Trop tard
Répondait la vivante
Repoussez repoussez cet amour défendu
Je suis mariée
Voyez l'anneau qui brille
Mes mains tremblent
Je pleure et je voudrais mourir

Les barques étaient arrivées
A un endroit où les chevau-légers
Savaient qu'un écho répondait de la rive
On ne se lassait point de l'interroger
Il y eut des questions si extravagantes
Et des réponses tellement pleines d'à-propos
Que c'était à mourir de rire
Et le mort disait à la vivante

Nous serions si heureux ensemble
Sur nous l'eau se refermera
Mais vous pleurez et vos mains tremblent
Aucun de nous ne reviendra

On reprit terre et ce fut le retour
Les amoureux s'entr'aimaient
Et par couples aux belles bouches
Marchaient à distances inégales
Les morts avaient choisi les vivantes
Et les vivants
Des mortes
Un genévrier parfois
Faisait l'effet d'un fantôme

Les enfants déchiraient l'air
En soufflant les joues creuses
Dans leurs sifflets de viorne
Ou de sureau
Tandis que les militaires
Chantaient des tyroliennes
En se répondant comme on le fait
Dans la montagne

Dans la ville
Notre troupe diminua peu à peu
On se disait
Au revoir
A demain
A bientôt

Bientôt entraient dans les brasseries
Quelques-uns nous quittèrent
Devant une boucherie canine
Pour y acheter leur repas du soir

Bientôt je restai seul avec ces morts
Qui s'en allaient tout droit
Au cimetière
Où
Sous les Arcades
Je les reconnus
Couchés
Immobiles
Et bien vêtus
Attendant la sépulture derrière les vitrines

Ils ne se doutaient pas
De ce qui s'était passé
Mais les vivants en gardaient le souvenir
C'était un bonheur inespéré
Et si certain
Qu'ils ne craignaient point de le perdre

Ils vivaient si noblement
Que ceux qui la veille encore
Les regardaient comme leurs égaux
Ou même quelque chose de moins
Admiraient maintenant
Leur puissance leur richesse et leur génie
Car y a-t-il rien qui vous élève
Comme d'avoir aimé un mort ou une morte

On devient si pur qu'on en arrive
Dans les glaciers de la mémoire
A se confondre avec le souvenir
On est fortifié pour la vie
Et l'on n'a plus besoin de personne

Clotilde

L'anémone et l'ancolie
Ont poussé dans le jardin
Où dort la mélancolie
Entre l'amour et le dédain

Il y vient aussi nos ombres
Que la nuit dissipera
Le soleil qui les rend sombres
Avec elles disparaîtra

Les déités des eaux vives
Laissent couler leurs cheveux
Passe il faut que tu poursuives
Cette belle ombre que tu veux

CORTEGE

A M. Léon Bailby

Oiseau tranquille au vol inverse oiseau
Qui nidifie en l'air
A la limite où notre sol brille déjà
Baisse ta deuxième paupière la terre t'éblouit
Quand tu lèves la tête

Et moi aussi de près je suis sombre et terne
Une brume qui vient d'obscurcir les lanternes
Une main qui tout à coup se pose devant les yeux
Une voûte entre vous et toutes les lumières
Et je m'éloignerai m'illuminant au milieu d'ombres

Et d'alignements d'yeux des astres bien-aimés

Oiseau tranquille au vol inverse oiseau
Qui nidifie en l'air
A la limite où brille déjà ma mémoire
Baisse ta deuxième paupière
Ni à cause du soleil ni à cause de la terre
Mais pour ce feu oblong dont l'intensité ira s'augmentant
Au point qu'il deviendra un jour l'unique lumière

Un jour
Un jour je m'attendais moi-même
Je me disais Guillaume il est temps que tu viennes
Pour que je sache enfin celui-là que je suis
Moi qui connais les autres

Je les connais par les cinq sens et quelques autres
Il me suffit de voir leur pieds pour pouvoir refaire ces gens à milliers
De voir leurs pieds paniques un seul de leurs cheveux
De voir leur langue quand il me plaît de faire le médecin
Ou leurs enfants quand il me plaît de faire le prophète
Les vaisseaux des armateurs la plume de mes confrères
La monnaie des aveugles les mains des muets
Ou bien encore à cause du vocabulaire et non de l'écriture
Une lettre écrite par ceux qui ont plus de vingt ans
Il me suffit de sentir l'odeur de leurs églises
L'odeur des fleuves dans leurs villes
Le parfum des fleurs dans les jardins publics
O Corneille Agrippa l'odeur d'un petit chien m'eût suffi
Pour décrire exactement tes concitoyens de Cologne
Leurs rois-mages et la ribambelle ursuline
Qui t'inspirait l'erreur touchant toutes les femmes
Il me suffit de goûter la saveur de laurier qu'on cultive pour que j'aime ou que je bafoue
Et de toucher les vêtements
Pour ne pas douter si l'on est frileux ou non
O gens que je connais
Il me suffit d'entendre le bruit de leurs pas
Pour pouvoir indiquer à jamais la direction qu'ils ont prise
Il me suffit de tous ceux-là pour me croire le droit
De ressusciter les autres
Un jour je m'attendais moi-même
Je me disais Guillaume il est temps que tu viennes
Et d'un lyrique pas s'avançaient ceux que j'aime
Parmi lesquels je n'étais pas
Les géants couverts d'algues passaient dans leurs villes
Sous-marines où les tours seules étaient des îles
Et cette mer avec les clartés de ses profondeurs

Coulait sang de mes veines et fait battre mon cœur
Puis sur cette terre il venait mille peuplades blanches
Dont chaque homme tenait une rose à la main
Et le langage qu'ils inventaient en chemin
Je l'appris de leur bouche et je le parle encore
Le cortège passait et j'y cherchais mon corps
Tous ceux qui survenaient et n'étaient pas moi-même
Amenaient un à un les morceaux de moi-même
On me bâtit peu à peu comme on élève une tour
Les peuples s'entassaient et je parus moi-même
Qu'ont formé tous les corps et les choses humaines

Temps passés Trépassés Les dieux qui me formâtes
Je ne vis que passant ainsi que vous passâtes
Et détournant mes yeux de ce vide avenir
En moi-même je vois tout le passé grandir

Rien n'est mort que ce qui n'existe pas encore
Près du passé luisant demain est incolore
Il est informe aussi près de ce qui parfait
Présente tout ensemble et l'effort et l'effet

Marizibill

Dans la Haute-Rue à Cologne
Elle allait et venait le soir
Offerte à tous en tout mignonne
Puis buvait lasse des trottoirs
Très tard dans les brasseries borgnes

Elle se mettait sur la paille
Pour un maquereau roux et rose
C'était un juif il sentait l'ail
Et l'avait venant de Formose
Tirée d'un bordel de Changaï

Je connais des gens de toutes sortes
Ils n'égalent pas leurs destins
Indécis comme feuilles mortes
Leurs yeux sont des feux mal éteints
Leurs cœurs bougent comme leurs portes

Le voyageur

A Fernand Fleuret

Ouvrez-moi cette porte où je frappe en pleurant

La vie est variable aussi bien que l'Euripe

Tu regardais un banc de nuages descendre
Avec le paquebot orphelin vers les fièvres futures
Et de tous ces regrets de tous ces repentirs
Te souviens-tu

Vagues poissons arqués fleurs submarines
Une nuit c'était la mer
Et les fleuves s'y répandaient

Je m'en souviens je m'en souviens encore

Un soir je descendis dans une auberge triste
Auprès de Luxembourg
Dans le fond de la salle il s'envolait un Christ
Quelqu'un avait un furet
Un autre un hérisson
L'on jouait aux cartes
Et toi tu m'avais oublié

Te souviens-tu du long orphelinat des gares
Nous traversâmes des villes qui tout le jour tournaient
Et vomissaient la nuit le soleil des journées
O matelots ô femmes sombres et vous mes compagnons

Souvenez-vous-en

Deux matelots qui ne s'étaient jamais quittés
Deux matelots qui ne s'étaient jamais parlé
Le plus jeune en mourant tomba sur le côté

O vous chers compagnons
Sonneries électriques des gares chant des moissonneuses
Traîneau d'un boucher régiment des rues sans nombre
Cavalerie des ponts nuits livides de l'alcool
Les villes que j'ai vues vivaient comme des folles

Te souviens-tu des banlieues et du troupeau plaintif des paysages

Les cyprès projetaient sous la lune leurs ombres
J'écoutais cette nuit au déclin de l'été
Un oiseau langoureux et toujours irrité
Et le bruit éternel d'un fleuve large et sombre

Mais tandis que mourants roulaient vers l'estuaire
Tous les regards tous les regards de tous les yeux
Les bords étaient déserts herbus silencieux
Et la montagne à l'autre rive était très claire

Alors sans bruit sans qu'on pût voir rien de vivant
Contre le mont passèrent des ombres vivaces
De profil ou soudain tournant leurs vagues faces
Et tenant l'ombre de leurs lances en avant

Les ombres contre le mont perpendiculaire
Grandissaient ou parfois s'abaissaient brusquement

Et ces ombres barbues pleuraient humainement
En glissant pas à pas sur la montagne claire

Qui donc reconnais-tu sur ces vieilles photographies
Te souviens-tu du jour où une vieille abeille tomba dans le feu
C'était tu t'en souviens à la fin de l'été
Deux matelots qui ne s'étaient jamais quittés
L'aîné portait au cou une chaîne de fer
Le plus jeune mettait ses cheveux blonds en tresse

Ouvrez-moi cette porte où je frappe en pleurant

La vie est variable aussi bien que l'Euripe

Marie

Vous y dansiez petite fille
Y danserez-vous mère-grand
C'est la maclotte qui sautille
Toutes les cloches sonneront
Quand donc reviendrez-vous Marie

Les masques sont silencieux
Et la musique est si lointaine
Qu'elle semble venir des cieux
Oui je veux vous aimer mais vous aimer à peine
Et mon mal est délicieux

Les brebis s'en vont dans la neige
Flocons de laine et ceux d'argent
Des soldats passent et que n'ai-je
Un cœur à moi ce cœur changeant
Changeant et puis encor que sais-je

Sais-je où s'en iront tes cheveux
Crépus comme mer qui moutonne
Sais-je où s'en iront tes cheveux
Et tes mains feuilles de l'automne
Que jonchent aussi nos aveux

Je passais au bord de la Seine
Un livre ancien sous le bras
Le fleuve est pareil à ma peine

Il s'écoule et ne tarit pas

Quand donc finira la semaine

La blanche neige

Les anges les anges dans le ciel
L'un est vêtu en officier
L'un est vêtu en cuisinier
Et les autres chantent

Bel officier couleur du ciel
Le doux printemps longtemps après Noël
Te médaillera d'un beau soleil
D'un beau soleil

Le cuisinier plume les oies
Ah! tombe neige
Tombe et que n'ai-je
Ma bien-aimée entre mes bras

POEME LU AU MARIAGE D'ANDRE SALMON

Le 13 juillet 1909

En voyant des drapeaux ce matin je ne me suis pas dit
Voilà les riches vêtements des pauvres
Ni la pudeur démocratique veut me voiler sa douleur
Ni la liberté en honneur fait qu'on imite maintenant
Les feuilles ô liberté végétale ô seule liberté terrestre
Ni les maisons flambent parce qu'on partira pour ne plus revenir
Ni ces mains agitées travailleront demain pour nous tous
Ni même on a pendu ceux qui ne savaient pas profiter de la vie
Ni même on renouvelle le monde en reprenant la Bastille
Je sais que seuls le renouvellent ceux qui sont fondés en poésie
On a pavoisé Paris parce que mon ami André Salmon s'y marie

Nous nous sommes rencontrés dans un caveau maudit
Au temps de notre jeunesse
Fumant tous deux et mal vêtus attendant l'aube
Epris épris des mêmes paroles dont il faudra changer le sens
Trompés trompés pauvres petits et ne sachant pas encore rire
La table et les deux verres devinrent un mourant qui nous jeta le dernier regard d'Orphée
Les verres tombèrent se brisèrent
Et nous apprîmes à rire
Nous partîmes alors pèlerins de la perdition
A travers les rues à travers les contrées à travers la raison
Je le revis au bord du fleuve sur lequel flottait Ophélie
Qui blanche flotte encore entre les nénuphars
Il s'en allait au milieu des Hamlets blafards
Sur la flûte jouant les airs de la folie
Je le revis près d'un moujik mourant compter les béatitudes

En admirant la neige semblable aux femmes nues
Je le revis faisant ceci ou cela en l'honneur des mêmes paroles
Qui changent la face des enfants et je dis toutes ces choses
Souvenir et Avenir parce que mon ami André Salmon se marie

Réjouissons-nous non pas parce que notre amitié a été le fleuve qui nous a fertilisés
Terrains riverains dont l'abondance est la nourriture que tous espèrent
Ni parce que nos verres nous jettent encore une fois le regard d'Orphée mourant
Ni parce que nous avons tant grandi que beaucoup pourraient confondre nos yeux et les étoiles
Ni parce que les drapeaux claquent aux fenêtres des citoyens qui sont contents depuis cent ans d'avoir la vie et de menues choses à défendre
Ni parce que fondés en poésie nous avons des droits sur les paroles qui forment et défont l'Univers
Ni parce que nous pouvons pleurer sans ridicule et que nous savons rire
Ni parce que nous fumons et buvons comme autrefois
Réjouissons-nous parce que directeur du feu et des poètes
L'amour qui emplit ainsi que la lumière
Tout le solide espace entre les étoiles et les planètes
L'amour veut qu'aujourd'hui mon ami André Salmon se marie

L'Adieu

J'ai cueilli ce brin de bruyère
L'automne est morte souviens-t'en
Nous ne nous verrons plus sur terre
Odeur du temps brin de bruyère
Et souviens-toi que je t'attends

Salome

Pour que sourie encore une fois Jean-Baptiste
Sire je danserais mieux que les séraphins
Ma mère dites-moi pourquoi vous êtes triste
En robe de comtesse à côté du Dauphin

Mon cœur battait battait très fort à sa parole
Quand je dansais dans le fenouil en écoutant
Et je brodais des lys sur une banderole
Destinée à flotter au bout de son bâton

Et pour qui voulez-vous qu'à présent je la brode
Son bâton refleurit sur les bors du Jourdain
Et tous les lys quand vos soldats ô roi Hérode
L'emmenèrent se sont flétris dans mon jardin

Venez tous avec moi là-bas sous les quinconces
Ne pleure pas ô joli fou du roi
Prends cette tête au lieu de ta marotte et danse
N'y touchez pas son front ma mère est déjà froid

Sire marchez devant trabants marchez derrière
Nous creuserons un trou et l'y enterrerons
Nous planterons des fleurs et danserons en rond
Jusqu'à l'heure où j'aurai perdu ma jarretière
Le roi sa tabatière
L'infante son rosaire
Le curé son bréviaire

La porte

La porte de l'hôtel sourit terriblement
Qu'est-ce que cela peut me faire ô ma maman
D'être cet employé pour qui seul rien n'existe
Pi-mus couples allant dans la profonde eau triste
Anges frais débarqués à Marseille hier matin
J'entends mourir et remourir un chant lointain
Humble comme je suis qui ne suis rien qui vaille

Enfant je t'ai donné ce que j'avais travaille

Merlin et la vieille femme

Le soleil ce jour-là s'étalait comme un ventre
Maternel qui saignait lentement sur le ciel
La lumière est ma mère ô lumière sanglante
Les nuages coulaient comme un flux menstruel

Au carrefour où nulle fleur sinon la rose
Des vents mais sans épine n'a fleuri l'hiver
Merlin guettait la vie et l'éternelle cause
Qui fait mourir et puis renaître l'univers

Une vieille sur une mule à chape verte
S'en vint suivant la berge du fleuve en aval
Et l'antique Merlin dans la plaine déserte
Se frappait la poitrine en s'écriant Rival

O mon être glacé dont le destin m'accable
Dont ce soleil de chair grelotte veux-tu voir
Ma Mémoire venir et m'aimer ma semblable
Et quel fils malheureux et beau je veux avoir

Son geste fit crouler l'orgueil des cataclysmes
Le soleil en dansant remuait son nombril
Et soudain le printemps d'amour et d'héroïsme
Amena par la main un jeune jour d'avril

Les voies qui viennent de l'ouest étaient couvertes
D'ossements d'herbes drues de destins et de fleurs
Des monuments tremblants près des charognes vertes

Quand les vents apportaient des poils et des malheurs

Laissant sa mule à petits pas s'en vint l'amante
A petits coups le vent défripait ses atours
Puis les pâles amants joignant leurs mains démentes
L'entrelacs de leurs doigts fut leur seul laps d'amour

Elle balla mimant un rythme d'existence
Criant Depuis cent ans j'espérais ton appel
Les astres de ta vie influaient sur ma danse
Morgane regardait de haut du mont Gibel

Ah! qu'il fait doux danser quand pour vous se déclare
Un mirage où tout chante et que les vents d'horreur
Feignent d'être le rire de la lune hilare
Et d'effrayer les fantômes avants-coureurs

J'ai fait des gestes blancs parmi les solitudes
Des lémures couraient peupler les cauchemars
Mes tournoiements exprimaient les béatitudes
Qui toutes ne sont rien qu'un pur effet de l'Art

Je n'ai jamais cueilli que la fleur d'aubépine
Aux printemps finissants qui voulaient défleurir
Quand les oiseaux de proie proclamaient leurs rapines
D'agneaux mort-nés et d'enfants-dieux qui vont mourir

Et j'ai vieilli vois-tu pendant ta vie je danse
Mais j'eusse été tôt lasse et l'aubépine en fleurs
Cet avril aurait eu la pauvre confidence
D'un corps de vieille morte en mimant la douleur

Et leurs mains s'élevaient comme un vol de colombes
Clarté sur qui la nuit fondit comme un vautour
Puis Merlin s'en alla vers l'est disant Qu'il monte
Le fils de ma Mémoire égale de l'Amour

Qu'il monte de la fange ou soit une ombre d'homme
Il sera bien mon fils mon ouvrage immortel
Le front nimbé de feu sur le chemin de Rome
Il marchera tout seul en regardant le ciel

La dame qui m'attend se nomme Viviane
Et vienne le printemps des nouvelles douleurs
Couché parmi la marjolaine et les pas-d'âne
Je m'éterniserai sous l'aubépine en fleurs

Saltimbanques

A Louis Dumur

Dans la plaine les baladins
S'éloignent au long des jardins
Devant l'huis des auberges grises
Par les villages sans églises

Et les enfants s'en vont devant
Les autres suivent en rêvant
Chaque arbre fruitier se résigne
Quand de très loin ils lui font signe

Ils ont des poids ronds ou carrés
Des tambours des cerceaux dorés
L'ours et le singe animaux sages
Quêtent des sous sur leur passage

Le larron

CHŒUR

Maraudeur étranger malheureux malhabile
Voleur voleur que ne demandais-tu ces fruits
Mais puisque tu as faim que tu es en exil
Il pleure il est barbare et bon pardonnez-lui

LARRON

Je confesse le vol des fruits doux des fruits mûrs
Mais ce n'est pas l'exil que je viens simuler
Et sachez que j'attends de moyennes tortures
Injustes si je rends tout ce que j'ai volé

VIEILLARD

Issu de l'écume des mers comme Aphrodite
Sois docile puisque tu es beau Naufragé
Vois les sages te font des gestes socratiques
Vous parlerez d'amour quand il aura mangé

CHŒUR

Maraudeur étranger malhabile et malade
Ton père fut un sphinx et ta mère une nuit
Qui charma de lueurs Zacinthe et les Cyclades
As-tu feint d'avoir faim quand tu volas les fruits

LARRON

Possesseurs de fruits mûrs que dirai-je aux insultes
Ouïr ta voix ligure en nénie ô maman
Puisqu'ils n'eurent enfin la pubère et l'adulte
De prétexte sinon de s'aimer nuitamment

Il y avait des fruits tout ronds comme des âmes
Et des amandes de pomme de pin jonchaient
Votre jardin marin où j'ai laissé mes rames
Et mon couteau punique au pied de ce pêcher

Les citrons couleur d'huile et à saveur d'eau froide
Pendaient parmi les fleurs des citronniers tordus
Les oiseaux de leur bec ont blessé vos grenades
Et presque toutes les figues étaient fendues

L'ACTEUR

Il entra dans la salle aux fresques qui figurent
L'inceste solaire et nocturne dans les nues
Assieds-toi là pour mieux ouïr les voix ligures
Au son des cinyres des Lydiennes nues

Or les hommes ayant des masques de théâtre
Et les femmes ayant des colliers où pendaient
La pierre prise au foie d'un vieux coq de Tanagre
Parlaient entre eux le langage de la Chaldée

Les autans langoureux dehors feignaient l'automne
Les convives c'étaient tant de couples d'amants

Qui dirent tour à tour Voleur je te pardonne
Reçois d'abord le sel puis le pain de froment

Le brouet qui froidit sera fade à tes lèvres
Mais l'outre en peau de bouc maintient frais le vin blanc
Par ironie veux-tu qu'on serve un plat de fèves
Ou des beignets de fleurs trempés dans du miel blond

Une femme lui dit Tu n'invoques personne
Crois-tu donc au hasard qui coule au sablier
Voleur connais-tu mieux les lois malgré les hommes
Veux-tu le talisman heureux de mon collier

Larron des fruits tourne vers moi tes yeux lyriques
Emplissez de noix la besace du héros
Il est plus noble que le paon pythagorique
Le dauphin la vipère mâle ou le taureau

Qui donc es-tu toi qui nous vins grâce au vent scythe
Il en est tant venu par la route ou la mer
Conquérants égarés qui s'éloignaient trop vite
Colonnes de clins d'yeux qui fuyaient aux éclairs

CHŒUR

Un homme bègue ayant au front deux jets de flammes
Passa menant un peuple infime pour l'orgueil
De manger chaque jour les cailles et la manne
Et d'avoir vu la mer ouverte comme un œil

Les puiseurs d'eau barbus coiffés de bandelettes

Noires et blanches contre les maux et les sorts
Revenaient de l'Euphrate et les yeux des chouettes
Attiraient quelquefois les chercheurs de trésors

Cet insecte jaseur ô poète barbare
Regagnait chastement à l'heure d'y mourir
La forêt précieuse aux oiseaux gemmipares
Aux crapauds que l'azur et les sources mûrirent

Un triomphe passait gémir sous l'arc-en-ciel
Avec de blêmes laurés debout dans les chars
Les statues suant les scurriles les agnelles
Et l'angoisse rauque des paonnes et des jars

Les veuves précédaient en égrenant des grappes
Les évêques noir révérant sans le savoir
Au triangle isocèle ouvert au mors des chapes
Pallas et chantaient l'hymne à la belle mais noire

Les chevaucheurs nous jetèrent dans l'avenir
Les alcancies pleines de cendre ou bien de fleurs
Nous aurons des baisers florentins sans le dire
Mais au jardin ce soir tu vins sage et voleur

Ceux de ta secte adorent-ils un signe obscène
Belphégor le soleil le silence ou le chien
Cette furtive ardeur des serpents qui s'entr'aiment

L'ACTEUR

Et le larron des fruits cria Je suis chrétien

CHŒUR

Ah! Ah! les colliers tinteront cherront les masques
Va-t'en va-t'en contre le feu l'ombre prévaut
Ah! Ah! le larron de gauche dans la bourrasque
Rira de toi comme hennissent les chevaux

FEMME

Larron des fruits tourne vers moi tes yeux lyriques
Emplissez de noix la besace du héros
Il est plus noble que le paon pythagorique
Le dauphin la vipère mâle ou le taureau

CHŒUR

Ah! Ah! nous secouerons toute la nuit les sistres
La voix ligure était-ce donc un talisman
Et si tu n'es pas de droite tu es sinistre
Comme une tache grise ou le pressentiment

Puisque l'absolu choit la chute est une preuve
Qui double devient triple avant d'avoir été
Nous avouerons que les grossesses nous émeuvent
Les ventres pourront seuls nier l'aséité

Vois les vases sont pleins d'humides fleurs morales
Va-t'en mais dénudé puisque tout est à nous
Ouïs du chœur des vents les cadences plagales

Et prends l'arc pour tuer l'unicorne ou le gnou

L'ombre équivoque et tendre est le deuil de ta chair
Et sombre elle est humaine et puis la nôtre aussi
Va-t'en le crépuscule a des lueurs légères
Et puis aucun de nous ne croirait tes récits

Il brillait et attirait comme la pantaure
Que n'avait-il la voix et les jupes d'Orphée
Et les femmes la nuit feignant d'être des taures
L'eussent aimé comme on l'aima puisqu'en effet

Il était pâle il était beau comme un roi ladre
Que n'avait-il la voix et les jupes d'Orphée
La pierre prise au foie d'un vieux coq de Tanagre
Au lieu du roseau triste et du funèbre faix

Que n'alla-t-il vivre à la cour du roi D'Edesse
Maigre et magique il eût scruté le firmament
Pâle et magique il eût aimé des poétesses
Juste et magique il eût épargné les démons

Va-t'en errer crédule et roux avec ton ombre
Soit! la triade est mâle et tu es vierge et froid
Le tact est relatif mais la vue est oblongue
Tu n'as de signe que le signe de la croix

LE VENT NOCTURNE

Oh! les cimes des pins grincent en se heurtant
Et l'on entend aussi se lamenter l'autan
Et du fleuve prochain à grand'voix triomphales
Les elfes rire au vent ou corner aux rafales
Attys Attys Attys charmant et débraillé
C'est ton nom qu'en la nuit les elfes ont raillé
Parce qu'un de tes pins s'abat au vent gothique
La forêt fuit au loin comme une armée antique
Dont les lances ô pins s'agitent au tournant
Les villages éteints méditent maintenant
Comme les vierges les vieillards et les poètes
Et ne s'éveilleront au pas de nul venant
Ni quand sur leurs pigeons fondront les gypaètes

Lul de Faltenin

A Louis de Gonzague Frick

Sirènes j'ai rampé vers vos
Grottes tiriez aux mers la langue
En dansant devant leurs chevaux
Puis battiez de vos ailes d'anges
Et j'écoutais ces chœurs rivaux

Une arme ô ma tête inquiète
J'agite un feuillage défleuri
Pour écarter l'haleine tiède
Qu'exhalent contre mes grands cris
Vos terribles bouches muettes

Il y a là-bas la merveille
Au prix d'elle que valez-vous
Le sang jaillit de mes otelles
A mon aspect et je l'avoue
Le meurtre de mon double orgueil

Si les bateliers ont ramé
Loin des lèvres à fleur de l'onde
Mille et mille animaux charmés
Flairent la route à la rencontre
De mes blessures bien-aimées

Leurs yeux étoiles bestiales
Eclairent ma compassion

Qu'importe sagesse égale
Celle des constellations
Car c'est moi seul nuit qui t'étoile

Sirènes enfin je descends
Dans une grotte avide J'aime
Vos yeux Les degrés sont glissants
Au loin que vous devenez naines
N'attirez plus aucun passant

Dans l'attentive et bien-apprise
J'ai vu feuilloler nos forêts
Mer le soleil se gargarise
Où les matelots désiraient
Que vergues et mâts reverdissent

Je descends et le firmament
S'est changé très vite en méduse
Puisque je flambe atrocement
Que mes bras seuls sont les excuses
Et les torches de mon tourment

Oiseaux tiriez aux mers la langue
Le soleil d'hier m'a rejoint
Les otelles nous ensanglantent
Dans le nid des Sirènes loin
Du troupeau d'étoiles oblongues

La tzigane

La tzigane savait d'avance
Nos deux vies barrées par les nuits
Nous lui dîmes adieu et puis
De ce puits sortit l'Espérance

L'amour lourd comme un ours privé
Dansa debout quand nous voulûmes
Et l'oiseau bleu perdit ses plumes
Et les mendiants leurs Ave

On sait très bien que l'on se damne
Mais l'espoir d'aimer en chemin
Nous fait penser main dans la main
A ce qu'a prédit la tzigane

L'ERMITE

A Félix Fénéon

Un ermite déchaux près d'un crâne blanchi
Cria Je vous maudis martyres et détresses
Trop de tentations malgré moi me caressent
Tentations de lune et de logomachies

Trop d'étoiles s'enfuient quand je dis mes prières
Ô chef de morte Ô vieil ivoire Orbites Trous
Des narines rongées J'ai faim Mes cris s'enrouent
Voici donc pour mon jeûne un morceau de gruyère

Ô Seigneur flagellez les nuées du coucher
Qui vous tendent au ciel de si jolis culs roses
Et c'est le soir les fleurs de jour déjà se closent
Et les souris dans l'ombre incantent le plancher

Les humains savent tant de jeux l'amour la mourre
L'amour jeu des nombrils ou jeu de la grande oie
La mourre jeu du nombre illusoire des doigts
Saigneur faites Seigneur qu'un jour je m'énamoure

J'attends celle qui me tendra ses doigts menus
Combien de signes blancs aux ongles les paresses
Les mensonges pourtant j'attends qu'elle les dresse
Ses mains énamourées devant moi l'Inconnue

Seigneur que t'ai-je fait Vois Je suis unicorne
Pourtant malgré son bel effroi concupiscent

Comme un poupon chéri mon sexe est innocent
D'être anxieux seul et debout comme une borne

Seigneur le Christ est nu jetez jetez sur lui
La robe sans couture éteignez les ardeurs
Au puits vont se noyer tant de tintements d'heures
Quand isochrones choient des gouttes d'eau de pluie

J'ai veillé trente nuits sous les lauriers-roses
As-tu sué du sang Christ dans Gethsémani
Crucifié réponds Dis non Moi je le nie
Car j'ai trop espéré en vain l'hématidrose

J'écoutais à genoux toquer les battements
Du cœur le sang roulait toujours en ses artères
Qui sont de vieux coraux ou qui sont des clavaines
Et mon aorte était avare éperdument

Une goutte tomba Sueur Et sa couleur
Lueur Le sang si rouge et j'ai ri des damnés
Puis enfin j'ai compris que je saignais du nez
A cause des parfums violents de mes fleurs

Et j'ai ri du vieil ange qui n'est point venu
De vol très indolent me tendre un beau calice
J'ai ri de l'aile grise et j'ôte mon cilice
Tissé de crins soyeux par de cruels canuts

Vertuchou Riotant des vulves des papesses
De saintes sans tétons j'irai vers les cités
Et peut-être y mourir pour ma virginité

Parmi les mains les peaux les mots et les promesses

Malgré les autans bleus je me dresse divin
Comme un rayon de lune adoré par la mer
En vain j'ai supplié tous les saints aémères
Aucun n'a consacré mes doux pains sans levain

Et je marche Je fuis ô nuit Lilith ulule
Et clame vainement et je vois de grands yeux
S'ouvrir tragiquement Ô nuit je vois tes cieux
S'étoiler calmement de splendides pilules

Un squelette de reine innocente est pendu
A un long fil d'étoile en désespoir sévère
La nuit les bois sont noirs et se meurt l'espoir vert
Quand meurt les jour avec un râle inattendu

Et je marche je fuis ô jour l'émoi de l'aube
Ferma le regard fixe et doux de vieux rubis
Des hiboux et voici le regard des brebis
Et des truies aux tétins roses comme des lobes

Des corbeaux éployés comme des tildes font
Une ombre vaine aux pauvres champs de seigle mûr
Non loin des bourgs où des chaumières sont impures
D'avoir des hiboux morts cloués à leur plafond

Mes kilomètres longs Mes tristesses plénières
Les squelettes de doigts terminant les sapins
Ont égaré ma route et mes rêves poupins
Souvent et j'ai dormi au sol des sapinières

Enfin Ô soir pâmé Au bout de mes chemins
La ville m'apparut très grave au son des cloches
Et ma luxure meurt à présent que j'approche
En entrant j'ai béni les foules des deux mains

Cité j'ai ri de tes palais tels que des truffes
Blanches au sol fouillé de clairières bleues
Or mes désirs s'en vont tous à la queue leu leu
Ma migraine pieuse a coiffé sa cucuphe

Car toutes sont venues m'avouer leurs péchés
Et Seigneur je suis saint par le vœu des amantes
Zélotide et Lorie Louise et Diamante
Ont dit Tu peux savoir ô toi l'effarouché

Ermite absous nos fautes jamais vénielles
Ô toi le pur et le contrit que nous aimons
Sache nos cœurs sache les jeux que nous aimons
Et nos baisers quintessenciés comme du miel

Et j'absous les aveux pourpres comme leur sang
Des poétesses nues des fées des formarines
Aucun pauvre désir ne gonfle ma poitrine
Lorsque je vois le soir les couples s'enlaçant

Car je ne veux plus rien sinon laisser se clore
Mes yeux couple lassé au verger pantelant
Plein du râle pompeux des groseillers sanglants
Et de la sainte cruauté des passiflores

Automne

Dans le brouillard s'en vont un paysan cagneux
Et son bœuf lentement dans le brouillard d'automne
Qui cache les hameaux pauvres et vergogneux

Et s'en allant là-bas le paysan chantonne
Une chanson d'amour et d'infidélité
Qui parle d'une bague et d'un cœur que l'on brise

Oh! l'automne l'automne a fait mourir l'été
Dans le brouillard s'en vont deux silhouettes grises

L'ÉMIGRANT DE LANDOR ROAD

A André Billy.

Le chapeau à la main il entra du pied droit
Chez un tailleur très chic et fournisseur du roi
Ce commerçant venait de couper quelques têtes
De mannequins vêtus comme il faut qu'on se vête

La foule en tous sens remuait en mêlant
Des ombres sans amour qui se traînaient par terre
Et des mains vers le ciel pleins de lacs de lumière
S'envolaient quelquefois comme des oiseaux blancs

Mon bateau partira demain pour l'Amérique
Et je ne reviendrai jamais
Avec l'argent gardé dans les prairies lyriques
Guider mon ombre aveugle en ces rues que j'aimais

Car revenir c'est bon pour un soldat des Indes
Les boursiers ont vendu tous mes crachats d'or fin
Mais habillé de neuf je veux dormir enfin
Sous des arbres pleins d'oiseaux muets et de singes

Les mannequins pour lui s'étant déshabillés
Battirent leurs habits puis les lui essayèrent
Le vêtement d'un lord mort sans avoir payé
Au rabais l'habilla comme un millionnaire

Au dehors les années
Regardaient la vitrine

Les mannequins victimes
Et passaient enchaînées

Intercalées dans l'an c'étaient les journées neuves
Les vendredis sanglants et lents d'enterrements
De blancs et de tout noirs vaincus des cieux qui pleuvent
Quand la femme du diable a battu son amant

Puis dans un port d'automne aux feuilles indécises
Quand les mains de la foule y feuillolaient aussi
Sur le pont du vaisseau il posa sa valise
Et s'assit

Les vents de l'Océan en soufflant leurs menaces
Laissaient dans ses cheveux de longs baisers mouillés
Des émigrants tendaient vers le port leurs mains lasses
Et d'autres en pleurant s'étaient agenouillés

Il regarda longtemps les rives qui moururent
Seuls des bateaux d'enfants tremblaient à l'horizon
Un tout petit bouquet flottant à l'aventure
Couvrit l'Océan d'une immense floraison

Il aurait voulu ce bouquet comme la gloire
Jouer dans d'autres mers parmi tous les dauphins
Et l'on tissait dans sa mémoire
Une tapisserie sans fin
Qui figurait son histoire

Mais pour noyer changées en poux
Ces tisseuses têtues qui sans cesse interrogent

Il se maria comme un doge
Aux cris d'une sirène moderne sans époux

Gonfle-toi vers la nuit O Mer Les yeux des squales
Jusqu'à l'aube ont guetté de loin avidement
Des cadavres de jours rongés par les étoiles
Parmi le bruit des flots et des derniers serments

ROSEMONDE

A André Derain

Longtemps au pied du perron de
La maison où entra la dame
Que j'avais suivie pendant deux
Bonnes heures à Amsterdam
Mes doigts jetèrent des baisers

Mais le canal était désert
Le quai aussi et nul ne vit
Comment mes baisers retrouvèrent
Celle à qui j'ai donné ma vie
Un jour pendant plus de deux heures

Je la surnommai Rosemonde
Voulant pouvoir me rappeler
Sa bouche fleurie en Hollande
Puis lentement je m'en allai
Pour quêter la Rose du Monde

LE BRASIER

A Paul-Napoléon Roinard

J'ai jeté dans le noble feu
Que je transporte et que j'adore
De vives mains et même feu
Ce Passé ces têtes de morts
Flamme je fais ce que tu veux

Le galop soudain des étoiles
N'étant que ce qui deviendra
Se même au hennissement mâle
Des centaures dans leurs haras
Et des grand'plaintes végétales

Où sont ces têtes que j'avais
Où est le Dieu de ma jeunesse
L'amour est devenu mauvais
Qu'au brasier les flammes renaissent
Mon âme au soleil se dévêt

Dans la plaine ont poussé des flammes
Nos cœurs pendent aux citronniers
Les têtes coupées qui m'acclament
Et les astres qui ont saigné
Ne sont que des têtes de femmes

Le fleuve épinglé sur la ville
T'y fixe comme un vêtement
Partant à l'amphion docile

Tu subis tous les tons charmants
Qui rendent les pierres agiles

Je flambe dans le brasier

Je flambe dans le brasier à l'ardeur adorable
Et les mains des croyants m'y rejettent multiple innombrablement
Les membres des intercis flambent auprès de moi
Éloignez du brasier les ossements
Je suffis pour l'éternité à entretenir le feu de mes délices
Et des oiseaux protègent de leurs ailes ma face et le soleil

Ô Mémoire Combien de races qui forlignent
Des Tyndarides aux vipères ardentes de mon bonheur
Et les serpents ne sont-ils que les cous des cygnes
Qui étaient immortels et n'étaient pas chanteurs
Voici ma vie renouvelée
De grands vaisseaux passent et repassent
Je trempe une fois encore mes mains dans l'Océan

Voici le paquebot et ma vie renouvelée
Ses flammes sont immenses
Il n'y a plus rien de commun entre moi
Et ceux qui craignent les brûlures

Descendant des hauteurs

Descendant des hauteurs où pense la lumière
Jardins rouant plus haut que tous les ciels mobiles
L'avenir masqué flambe en traversant les cieux

Nous attendons ton bon plaisir ô mon amie

J'ose à peine regarder la divine mascarade

Quand bleuira sur l'horizon la Désirade

Au-delà de notre atmosphère s'élève un théâtre
Que construisit le ver Zamir sans instrument
Puis le soleil revint ensoleiller les places
D'une ville marine apparue contremont
Sur les toits se reposaient les colombes basses

Et le troupeau de sphinx regagne la sphingerie
A petits pas Il orra le chant du pâtre toute la vie
Là-haut le théâtre est bâti avec le feu solide
Comme les astres dont se nourrit le vide

Et voici le spectacle
Et pour toujours je suis assis dans un fauteuil
Ma tête mes genoux mes coudes vain pentacle
Les flammes ont poussé sur moi comme des feuilles

Des acteurs inhumains claires bêtes nouvelles
Donnent des ordres aux hommes apprivoisés

Terre

Ô Déchirée que les fleuves ont reprisée

J'aimerais mieux nuit et jour dans les sphingeries

Vouloir savoir pour qu'enfin on m'y dévorât

Rhenanes

Nuit rhénane

Mon verre est plein d'un vin trembleur comme une flamme
Écoutez la chanson lente d'un batelier
Qui raconte avoir vu sous la lune sept femmes
Tordre leurs cheveux verts et longs jusqu'à leurs pieds

Debout chantez plus haut en dansant une ronde
Que je n'entende plus le chant du batelier
Et mettez près de moi toutes les filles blondes
Au regard immobile aux nattes repliées

Le Rhin le Rhin est ivre où les vignes se mirent
Tout l'or des nuits tombe en tremblant s'y refléter
La voix chante toujours à en râle-mourir
Ces fées aux cheveux verts qui incantent l'été

Mon verre s'est brisé comme un éclat de rire

Mai

Le mai le joli mai en barque sur le Rhin
Des dames regardaient du haut de la montagne
Vous êtes si jolies mais la barque s'éloigne
Qui donc a fait pleurer les saules riverains ?

Or des vergers fleuris se figeaient en arrière
Les pétales tombés des cerisiers de mai
Sont les ongles de celle que j'ai tant aimée
Les pétales fleuris sont comme ses paupières

Sur le chemin du bord du fleuve lentement
Un ours un singe un chien menés par des tziganes
Suivaient une roulotte traînée par un âne
Tandis que s'éloignait dans les vignes rhénanes
Sur un fifre lointain un air de régiment

Le mai le joli mai a paré les ruines
De lierre de vigne vierge et de rosiers
Le vent du Rhin secoue sur le bord les osiers
Et les roseaux jaseurs et les fleurs nues des vignes

La synagogue

Ottomar Scholem et Abraham Lœweren
Coiffés de feutres verts le matin du sabbat
Vont à la synagogue en longeant le Rhin
Et les coteaux où les vignes rougissent là-bas

Ils se disputent et crient des choses qu'on ose à peine traduire
Bâtard conçu pendant les règles ou Que le diable entre dans ton père
Le vieux Rhin soulève sa face ruisselante et se détourne pour sourire
Ottomar Scholem et Abraham Lœweren sont en colère

Parce que pendant le sabbat on ne doit pas fumer
Tandis que les chrétiens passent avec des cigares allumés
Et parce qu'Ottomar et Abraham aiment tous deux
Lia aux yeux de brebis et dont le ventre avance un peu

Pourtant tout à l'heure dans la synagogue l'un après l'autre
Ils baiseront la thora en soulevant leur beau chapeau
Parmi les feuillards de la fête des cabanes
Ottomar en chantant sourira à Abraham

Ils déchanteront sans mesure et les voix graves des hommes
Feront gémir un Léviathan au fond du Rhin comme une voix d'automne
Et dans la synagogue pleine de chapeaux on agitera les loulabim
Hanoten ne Kamoth bagoim tholahoth baleoumim

Les cloches

Mon beau tzigane mon amant
Écoute les cloches qui sonnent
Nous nous aimions éperdument
Croyant n'être vus de personne

Mais nous étions bien mal cachés
Toutes les cloches à la ronde
Nous ont vus du haut des clochers
Et le disent à tout le monde

Demain Cyprien et Henri
Marie Ursule et Catherine
La boulangère et son mari
Et puis Gertrude ma cousine

Souriront quand je passerai
Je ne saurai plus où me mettre
Tu seras loin Je pleurerai
J'en mourrai peut-être

La Loreley

A Jean Sève

A Bacharach il y avait une sorcière blonde
Qui laissait mourir d'amour tous les hommes à la ronde

Devant son tribunal l'évêque la fit citer
D'avance il l'absolvit à cause de sa beauté

O belle Loreley aux yeux pleins de pierreries
De quel magicien tiens-tu ta sorcellerie

Je suis lasse de vivre et mes yeux sont maudits
Ceux qui m'ont regardée évêque en ont péri

Mes yeux ce sont des flammes et non des pierreries
Jetez jetez aux flammes cette sorcellerie

Je flambe dans ces flammes Ô belle Loreley
Qu'un autre te condamne tu m'as ensorcelé

Evêque vous riez Priez plutôt pour moi la Vierge
Faites-moi donc mourir et que Dieu vous protège

Mon amant est parti pour un pays lointain
Faites-moi donc mourir puisque je n'aime rien

Mon cœur me fait si mal il faut bien que je meure
Si je me regardais il faudrait que j'en meure

Mon cœur me fait si mal depuis qu'il n'est plus là
Mon cœur me fit si mal du jour où il s'en alla

L'évêque fit venir trois chevaliers avec leurs lances
Menez jusqu'au couvent cette femme en démence

Va t'en Lore en folie va Lore aux yeux tremblants
Tu seras une nonne vêtue de noir et blanc

Puis ils s'en allèrent sur la route tous les quatre
La Loreley les implorait et ses yeux brillaient comme des astres

Chevaliers laissez-moi monter sur ce rocher si haut
Pour voir une fois encore mon beau château

Pour me mirer une fois encore dans le fleuve
Puis j'irai au couvent des vierges et des veuves

Là-haut le vent tordait ses cheveux déroulés
Les chevaliers criaient Loreley Loreley

Tout là-bas sur le Rhin s'en vient une nacelle
Et mon amant s'y tient il m'a vue il m'appelle

Mon cœur devient si doux c'est mon amant qui vient
Elle se penche alors et tombe dans le Rhin

Pour avoir vu dans l'eau la belle Loreley
Ses yeux couleur du Rhin ses cheveux de soleil

Schinderhannes

Dans la foret avec sa bande
Schinderhannes s'est désarmé
Le brigand près de sa brigande
Hennit d'amour au joli mai

Benzel accroupi lit la Bible
Sans voir que son chapeau pointu
A plume d'aigle sert de cible
A Jacob Born le mal foutu

Juliette Blaesius qui rote
Fait semblant d'avoir le hoquet
Hannes pousse une fausse note
Quand Schulz vient portant un baquet

Et s'écrie en versant des larmes
Baquet plein de vin parfumé
Viennent aujourd'hui les gendarmes
Nous aurons bu le vin de mai

Allons Julia la mam'zelle
Bois avec nous ce clair bouillon
D'herbes et de vin de Moselle
Prosit Bandit en cotillon

Cette brigande est bientôt soûle
Et veut Hannes qui n'en veut pas
Pas d'amour maintenant ma poule
Sers-nous un bon petit repas

Il faut ce soir que j'assassine
Ce riche juif au bord du Rhin
Au clair des torches de résine
La fleur de mai c'est le florin

On mange alors toute la bande
Pète et rit pendant le dîner
Puis s'attendrit à l'allemande
Avant d'aller assassiner

Rhénane d'automne

A Toussaint-Luca

Les enfants des morts vont jouer
Dans le cimetière
Martin Gertrude Hans et Henri
Nul coq n'a chanté aujourd'hui
Kikiriki

Les vieilles femmes
Tout en pleurant cheminent
Et les bons ânes
Braillent hi han et se mettent à brouter les fleurs
Des couronnes mortuaires

C'est le jour des morts et de toutes leurs âmes
Les enfants et les vieilles femmes
Allument des bougies et des cierges
Sur chaque tombe catholique
Les voiles des vieilles
Les nuages du ciel
Sont comme des barbes de biques

L'ait tremble de flammes et de prières
Le cimetière est un beau jardin
Plein de saules gris et de romarins
Il vous vient souvent des amis qu'on enterre
ah! que vous êtes bien dans le beau cimetière
Vous mendiants morts saouls de bière

Vous les aveugles comme le destin
Et vous petits enfants morts en prière

Ah! que vous êtes bien dans le beau cimetière
Vous bourgmestres vous bateliers
Et vous conseillers de régence
Vous aussi tziganes sans papiers
La vie vous pourrit dans la panse
La croix vous pousse entre les pieds

Le vent du Rhin ulule avec tous les hiboux
Il éteint les cierges que toujours les enfants rallument
Et les feuilles mortes
Viennent couvrir les morts

Des enfants morts parlent parfois avec leur mère
Et des mortes parfois voudraient bien revenir

Oh! je ne veux pas que tu sortes
L'automne est plein de mains coupées
Non non ce sont des feuilles mortes
Ce sont les mains des chères mortes
Ce sont tes mains coupées
Nous avons tant pleuré aujourd'hui
Avec ces morts leurs enfants et les vieilles femmes
Sous le ciel sans soleil
Au cimetière plein de flammes

Puis dans le vent nous nous en retournâmes

A nos pieds roulaient des châtaignes

Dont les bogues étaient
Comme le cœur blessé de la madone
Dont on doute si elle eut la peau
Couleur des châtaignes d'automne

Les sapins

Les sapins en bonnets pointus
De longues robes revêtu
Comme des astrologues
Saluent leurs frères abattus
Les bateaux qui sur le Rhin voguent

Dans les sept arts endoctrinés
Par les vieux sapins leurs aînés
Qui sont de grands poètes
Ils se savent prédestinés
A briller plus que des planètes

A briller doucement changés
En étoiles et enneigés
Aux Noëls bienheureuses
Fêtes des sapins ensongés
Aux longues branches langoureuses

Les sapins beaux musiciens
Chantent des noëls anciens
Au vent des soirs d'automne
Ou bien graves magiciens
Incantent le ciel quand il tonne

Des rangées de blancs chérubins
Remplacent l'hiver les sapins
Et balancent leurs ailes
L'été ce sont de grands rabbins
Ou bien de vieilles demoiselles

Sapins médecins divagants

Ils vont offrant leurs bons onguents

Quand la montagne accouche

De temps en temps sous l'ouragan

Un vieux sapin geint et se couche

Les femmes

Dans la maison du vigneron les femmes cousent
Lenchen remplis le poêle et mets l'eau du café
Dessus – Le chat s'étire après s'être chauffé
- Gertrude et son voisin Martin enfin s'épousent

Le rossignol aveugle essaya de chanter
Mais l'effraie ululant il trembla dans sa cage
Ce cyprès là-bas a l'air du pape en voyage
Sous la neige – Le facteur vient de s'arrêter

Pour causer avec le nouveau maître d'école
- Cet hiver est très froid le vin sera très bon
- Le sacristain sourd et boiteux est moribond
- La fille du vieux bourgmestre brode une étole

Pour la fête du curé La forêt là-bas
Grâce au vent chantait à voix grave de grand orgue
Le songe Herr Traum survint avec sa sœur Frau Sorge
Kaethi tu n'as bien raccommodé ces bas

- Apporte le café le beurre et les tartines
La marmelade le saindoux un pot de lait
- Encore un peu de café Lenchen s'il te plaît
- On dirait que le vent dit des phrases latines

- Encore un peu de café Lenchen s'il te plaît
- Lotte es-tu triste O petit cœur – Je crois qu'elle aime
- Dieu garde – Pour ma part je n'aime que moi-même
- Chut A présent grand-mère dit son chapelet

- Il me faut du sucre candi Leni je tousse
- Pierre mène son furet chasser les lapins
Le vent faisait danser en rond tous les sapins
Lotte l'amour rend triste – Ilse la vie est douce

La nuit tombait Les vignobles aux ceps tordus
Devenaient dans l'obscurité des ossuaires
En neige et repliés gisaient là des suaires
Et des chiens aboyaient aux passants morfondus

Il est mort écoutez La cloche de l'église
Sonnait tout doucement la mort du sacristain
Lise il faut attiser le poêle qui s'éteint
Les femmes se signaient dans la nuit indécise

Septembre 1901 – mai 1902

Signe

Je suis soumis au Chef du Signe de l'Automne
Partant j'aime les fruits je déteste les fleurs
Je regrette chacun des baisers que je donne
Tel un noyer gaulé dit au vent ses douleurs

Mon Automne éternelle ô ma saison mentale
Les mains des amantes d'antan jonchent ton sol
Une épouse me suit c'est mon ombre fatale
Les colombes ce soir prennent leur dernier vol

UN SOIR

Un aigle descendit de ce ciel blanc d'archanges
Et vous soutenez-moi
Laisserez-vous trembler longtemps toutes ces lampes
Priez priez pour moi

La ville est métallique et c'est la seule étoile
Noyée dans tes yeux bleus
Quand les tramways roulaient jaillissaient des feux pâles
Sur des oiseaux galeux

Et tout ce qui tremblait dans tes yeux de mes songes
Qu'un seul homme buvait
Sous les feux de gaz roux comme la fausse oronge
O vêtue ton bras se lovait

Vois l'histrion tire la langue aux attentives
Un fantôme s'est suicidé
L'apôtre au figuier pend et lentement salive
Jouons donc cet amour aux dés

Des cloches aux sons clairs annonçaient ta naissance
Vois
Les chemins sont fleuris et les palmes s'avancent
Vers toi

La dame

Toc toc Il a fermé sa porte
Les lys du jardin sont flétris
Quel est donc ce mort qu'on emporte

Tu viens de toquer à sa porte
Et trotte trotte
Trotte la petite souris

Les fiançailles

A Picasso

Le printemps laisse errer les fiancés parjures
Et laisse feuilloler longtemps les plumes bleues
Que secoue le cyprès où niche l'oiseau bleu

Une Madone à l'aube a pris les églantines
Elle viendra demain cueillir les giroflées
Pour mettre aux nids des colombes qu'elle destine
Au pigeon qui ce soir semblait le Paraclet

Au petit bois de citronniers s'énamourèrent
D'amour que nous aimons les dernières venues
Les villages lointains sont comme les paupières
Et parmi les citrons leurs cœurs sont suspendus

Mes amis m'ont enfin avoué leur mépris

Mes amis m'ont enfin avoué leur mépris
Je buvais à pleins verres les étoiles
Un ange a exterminé pendant que je dormais
Les agneaux les pasteurs des tristes bergeries
De faux centurions emportaient le vinaigre
Et les gueux mal blessés par l'épurge dansaient
Étoiles de l'éveil je n'en connais aucune
Les becs de gaz pissaient leur flamme au clair de lune
Des croque-morts avec des bocks tintaient des glas
A la clarté des bougies tombaient vaille que vaille
Des faux cols sur les flots de jupes mal brossées
Des accouchées masquées fêtaient leurs relevailles
La ville cette nuit semblait un archipel
Des femmes demandaient l'amour et la dulie
Et sombre sombre fleuve je me rappelle
Les ombres qui passaient n'étaient jamais jolies

Je n'ai plus même pitié de moi

Je n'ai plus même pitié de moi
Et ne puis exprimer mon tourment de silence
Tous les mots que j'avais à dire se sont changés en étoiles
Un Icare tente de s'élever jusqu'à chacun de mes yeux
Et porteur de soleils je brûle au centre de deux nébuleuses
Qu'ai-je fait aux bêtes théologales de l'intelligence
Jadis les morts sont revenus pour m'adorer
Et j'espérais la fin du monde
Mais la mienne arrive en sifflant comme un ouragan

J'ai eu le courage de regarder en arrière

J'ai eu le courage de regarder en arrière
Les cadavres de mes jours
Marquent ma route et je les pleure
Les uns pourrissent dans les églises italiennes
Ou bien dans de petits bois de citronniers
Qui fleurissent et fructifient
En même temps et en toute saison
D'autres jours ont pleuré avant de mourir dans des tavernes
Où d'ardents bouquets rouaient
Aux yeux d'une mulâtresse qui inventait la poésie
Et les roses de l'électricité s'ouvrent encore
Dans le jardin de ma mémoire

Pardonnez-moi mon ignorance

Pardonnez-moi mon ignorance
Pardonnez-moi de ne plus connaître l'ancien jeu des vers
Je ne sais plus rien et j'aime uniquement
Les fleurs à mes yeux redeviennent des flammes
Je médite divinement
Et je souris des êtres que je n'ai pas créés
Mais si le temps venait où l'ombre enfin solide
Se multipliait en réalisant la diversité formelle de mon amour
J'admirerais mon ouvrage

J'observe le repos du dimanche

J'observe le repos du dimanche
Et je loue la paresse
Comment comment réduire
L'infiniment petite science
Que m'imposent mes sens
L'un est pareil aux montagnes au ciel
Aux villes à mon amour
Il ressemble aux saisons
Il vit décapité sa tête est le soleil
Et la lune son cou tranché
Je voudrais éprouver une ardeur infinie
Monstre de mon ouïe tu rugis et tu pleures
Le tonnerre te sert de chevelure
Et tes griffes répètent le chant des oiseaux
Le toucher monstrueux m'a pénétré m'empoisonne
Mes yeux nagent loin de moi
Et les astres intacts sont mes maîtres sans épreuve
La bête des fumées a la tête fleurie
Et le monstre le plus beau
Ayant la saveur du laurier se désole

A la fin les mensonges ne me font plus peur

A la fin les mensonges ne me font plus peur
C'est la lune qui cuit comme un œuf sur le plat
Ce collier de gouttes d'eau va parer la noyée
Voici mon bouquet de fleurs de la Passion
Qui offrent tendrement deux couronnes d'épines
Les rues sont mouillées de la pluie de naguère
Des anges diligents travaillent pour moi à la maison
La lune et la tristesse disparaîtront pendant
Toute la sainte journée
Toute la sainte journée j'ai marché en chantant
Une dame penchée à sa fenêtre m'a regardé longtemps
M'éloigner en chantant

Au tournant d'une rue je vis des matelots

Au tournant d'une rue je vis des matelots
Qui dansaient le cou nu au son d'un accordéon
J'ai tout donné au soleil
Tout sauf mon ombre

Les dragues les ballots les sirènes mi-mortes
A l'horizon brumeux s'enfonçaient les trois-mâts
Les vents ont expiré couronnés d'anémones
O Vierge signe pur du troisième mois

Templiers flamboyants je brûle parmi vous

Templiers flamboyants je brûle parmi vous
Prophétisons ensemble ô grand maître je suis
Le désirable feu qui pour vous se dévoue
Et la girande tourne ô belle ô belle nuit

Liens déliés par une libre flamme Ardeur
Que mon souffle éteindra O Morts à quarantaine
Je mire de ma mort la gloire et le malheur
Comme si je visais l'oiseau de la quintaine

Incertitude oiseau feint peint quand vous tombiez
Le soleil et l'amour dansaient dans le village
Et tes enfants galants bien ou mal habillés
Ont bâti ce bûcher le nid de mon courage

Clair de lune

Lune mellifluente aux lèvres des déments
Les vergers et les bourgs cette nuit sont gourmands
Les astres assez bien figurent les abeilles
De ce miel lumineux qui dégoutte des treilles
Car voici que tout doux et leur tombant du ciel
Chaque rayon de lune est un rayon de miel
Or caché je conçois la très douce aventure
J'ai peur du dard de feu de cette abeille Arcture
Qui posa dans mes mains des rayons décevants
Et prit son miel lunaire à la rose des vents

1909

La dame avait une robe
En ottoman violine
Et sa tunique brodée d'or
Était composée de deux panneaux
S'attachant sur l'épaule

Les yeux dansants comme des anges
Elle riait elle riait
Elle avait un visage aux couleurs de France
Les yeux bleus les dents blanches et les lèvres très rouges
Elle avait un visage aux couleurs de France

Elle était décolletée en rond
Et coiffée à la Récamier
Avec de beaux bras nus

N'entendra-t-on jamais sonner minuit

La dame en robe d'ottoman violine
Et en tunique brodée d'or
Décolletée en rond
Promenait ses boucles
Son bandeau d'or
Et traînait ses petits souliers à boucles

Elle était si belle
Que tu n'aurais pas osé l'aimer

J'aimais les femmes atroces dans les quartiers énormes
Où naissaient chaque jour quelques êtres nouveaux
Le fer était leur sang la flamme leur cerveau
J'aimais j'aimais le peuple habile des machines
Le luxe et la beauté ne sont que son écume
Cette femme était si belle
Qu'elle me faisait peur

A la Sante

I

Avant d'entrer dans ma cellule
Il a fallu me mettre nu
Et quelle voix sinistre ulule
Guillaume qu'es-tu devenu

Le Lazare entrant dans la tombe
Au lieu d'en sortir comme il fit
Adieu adieu chantante ronde
Ô mes années ô jeunes filles

II

Non je ne me sens plus là
Moi-même
Je suis le quinze de la
Onzième

Le soleil filtre à travers
Les vitres
Ses rayons font sur mes vers
Les pitres

Et dansent sur le papier
J'écoute
Quelqu'un qui frappe du pied
La voûte

III

Dans une fosse comme un ours
Chaque matin je me promène
Tournons tournons tournons toujours
Le ciel est bleu comme une chaîne
Dans une fosse comme un ours
Chaque matin je me promène

Dans la cellule d'à côté
On y fait couler la fontaine
Avec les clefs qu'il fait tinter
Que le geôlier aille et revienne
Dans la cellule d'à côté
On y fait couler la fontaine

IV

Que je m'ennuie entre ces murs tout nus
Et peints de couleurs pâles
Une mouche sur le papier à pas menus
Parcourt mes lignes inégales

Que deviendrai-je ô Dieu qui connais ma douleur
Toi qui me l'as donnée
Prends en pitié mes yeux sans larmes ma pâleur
Le bruit de ma chaise enchaînée

Et tous ces pauvres cœurs battant dans la prison
L'Amour qui m'accompagne

Prends en pitié surtout ma débile raison
Et ce désespoir qui me gagne

V

Que lentement passent les heures
Comme passe un enterrement

Tu pleureras l'heure où tu pleures
Qui passera trop vitement
Comme passent toutes les heures

VI

J'écoute les bruits de la ville
Et prisonnier sans horizon
Je ne vois rien qu'un ciel hostile
Et les murs nus de ma prison

Le jour s'en va voici que brûle
Une lampe dans la prison
Nous sommes seuls dans ma cellule
Belle clarté Chère raison

Septembre 1911.

AUTOMNE MALADE

Automne malade et adoré
Tu mourras quand l'ouragan soufflera dans les roseraies
Quand il aura neigé
Dans les vergers

Pauvre automne
Meurs en blancheur et en richesse
De neige et de fruits mûrs
Au fond du ciel
Des éperviers planent
Sur les nixes nicettes aux cheveux verts et naines
Qui n'ont jamais aimé

Aux lisières lointaines
Les cerfs ont bramé

Et que j'aime ô saison que j'aime tes rumeurs
Les fruits tombant sans qu'on les cueille
Le vent et la forêt qui pleurent
Toutes leurs larmes en automne feuille à feuille
Les feuilles
Qu'on foule
Un train
Qui roule
La vie
S'écoule

Hotels

La chambre est veuve
Chacun pour soi
Présence neuve
On paye au mois

Le patron doute
Payera-t-on
Je tourne en route
Comme un toton

Le bruit des fiacres
Mon voisin laid
Qui fume un âcre
Tabac anglais

Ô La Vallière
Qui boite et rit
De mes prières
Table de nuit

Et tous ensemble
Dans cet hôtel
Savons la langue
Comme à Babel

Fermons nos Portes
À double tour

Chacun apporte

Son seul amour

Cors de chasse

Notre histoire est noble et tragique
Comme le masque d'un tyran
Nul drame hasardeux ou magique
Aucun détail indifférent
Ne rend notre amour pathétique

Et Thomas de Quincey buvant
L'opium poison doux et chaste
À sa pauvre Anne allait rêvant
Passons passons puisque tout passe
Je me retournerai souvent

Les souvenirs sont cors de chasse
Dont meurt le bruit parmi le vent

Vendemiaire

Hommes de l'avenir souvenez-vous de moi
Je vivais à l'époque où finissaient les rois
Tour à tour ils mouraient silencieux et tristes
Et trois fois courageux devenaient trismégistes

Que Paris était beau à la fin de septembre
Chaque nuit devenait une vigne où les pampres
Répandaient leur clarté sur la ville et là-haut
Astres mûrs becquetés par les ivres oiseaux
De ma gloire attendaient la vendange de l'aube

Un soir passant le long des quais déserts et sombres
En rentrant à Auteuil j'entendis une voix
Qui chantait gravement se taisant quelquefois
Pour que parvînt aussi sur les bords de la Seine
La plainte d'autres voix limpides et lointaines

Et j'écoutai longtemps tous ces chants et ces cris
Qu'éveillait dans la nuit la chanson de Paris

J'ai soif villes de France et d'Europe et du monde
Venez toutes couler dans ma gorge profonde

Je vis alors que déjà ivre dans la vigne Paris
Vendangeait le raisin le plus doux de la terre
Ces grains miraculeux qui aux treilles chantèrent

Et Rennes répondit avec Quimper et Vannes

Nous voici ô Paris Nos maisons nos habitants
Ces grappes de nos sens qu'enfanta le soleil
Se sacrifient pour te désaltérer trop avide merveille
Nous t'apportons tous les cerveaux les cimetières les murailles
Ces berceaux pleins de cris que tu n'entendras pas
Et d'amont en aval nos pensées ô rivières
Les oreilles des écoles et nos mains rapprochées
Aux doigts allongés nos mains les clochers
Et nous t'apportons aussi cette souple raison
Que le mystère clôt comme une porte la maison
Ce mystère courtois de la galanterie
Ce mystère fatal fatal d'une autre vie
Double raison qui est au-delà de la beauté
Et que la Grèce n'a pas connue ni l'Orient
Double raison de la Bretagne où lame à lame
L'océan châtre peu à peu l'ancien continent

Et les villes du Nord répondirent gaiement

Ô Paris nous voici boissons vivantes
Les viriles cités où dégoisent et chantent
Les métalliques saints de nos saintes usines
Nos cheminées à ciel ouvert engrossent les nuées
Comme fit autrefois l'Ixion mécanique
Et nos mains innombrables
Usines manufactures fabriques mains
Où les ouvriers nus semblables à nos doigts
Fabriquent du réel à tant par heure
Nous te donnons tout cela

Et Lyon répondit tandis que les anges de Fourvières

Tissaient un ciel nouveau avec la soie des prières

Désaltère-toi Paris avec les divines paroles
Que mes lèvres le Rhône et la Saône murmurent
Toujours le même culte de sa mort renaissant
Divise ici les saints et fait pleuvoir le sang
Heureuse pluie ô gouttes tièdes ô douleur
Un enfant regarde les fenêtres s'ouvrir
Et des grappes de têtes à d'ivres oiseaux s'offrit

Les villes du Midi répondirent alors

Noble Paris seule raison qui vis encore
Qui fixes notre humeur selon ta destinée
Et toi qui te retires Méditerranée
Partagez-vous nos corps comme on rompt des hosties
Ces très hautes amours et leur danse orpheline
Deviendront ô Paris le vin pur que tu aimes

Et un râle infini qui venait de Sicile
Signifiait en battement d'ailes ces paroles

Les raisins de nos vignes on les a vendangés
Et ces grappes de morts dont les grains allongés
Ont la saveur du sang de la terre et du sel
Les voici pour ta soif ô Paris sous le ciel
Obscurci de nuées faméliques
Que caresse Ixion le créateur oblique
Et où naissent sur la mer tous les corbeaux d'Afrique
Ô raisins Et ces yeux ternes et en famille
L'avenir et la vie dans ces treilles s'ennuyent

Mais où est le regard lumineux des sirènes
Il trompa les marins qu'aimaient ces oiseaux-là
Il ne tournera plus sur l'écueil de Scylla
Où chantaient les trois voix suaves et sereines

Le détroit tout à coup avait changé de face
Visages de la chair de l'onde de tout
Ce que l'on peut imaginer
Vous n'êtes que des masques sur des faces masquées

Il souriait jeune nageur entre les rives
Et les noyés flottant sur son onde nouvelle
Fuyaient en le suivant les chanteuses plaintives
Elles dirent adieu au gouffre et à l'écueil
A leurs pâles époux couchés sur les terrasses
Puis ayant pris leur vol vers le brûlant soleil
Les suivirent dans l'onde où s'enfoncent les astres

Lorsque la nuit revint couverte d'yeux ouverts
Errer au site où l'hydre a sifflé cet hiver
Et j'entendis soudain ta voix impérieuse
Ô Rome
Maudire d'un seul coup mes anciennes pensées
Et le ciel où l'amour guide les destinées

Les feuillards repoussés sur l'arbre de la croix
Et même la fleur de lys qui meurt au Vatican
Macèrent dans le vin que je t'offre et qui a
La saveur du sang pur de celui qui connaît
Une autre liberté végétale dont tu

Ne sais pas que c'est elle la suprême vertu

Une couronne du trirègne est tombée sur les dalles
Les hiérarques la foulent sous leurs sandales
Ô splendeur démocratique qui pâlit
Vienne le nuit royale où l'on tuera les bêtes
La louve avec l'agneau l'aigle avec la colombe
Une foule de rois ennemis et cruels
Ayant soif comme toi dans la vigne éternelle
Sortiront de la terre et viendront dans les airs
Pour boire de mon vin par deux fois millénaire

La Moselle et le Rhin se joignent en silence
C'est l'Europe qui prie nuit et jour à Coblence
Et moi qui m'attardais sur le quai à Auteuil
Quand les heures tombaient parfois comme les feuilles
Du cep lorsqu'il est temps j'entendis la prière
Qui joignait la limpidité de ces rivières

O Paris le vin de ton pays est meilleur que celui
Qui pousse sur nos bords mais aux pampres du nord
Tous les grains ont mûri pour cette soif terrible
Mes grappes d'hommes forts saignent dans le pressoir
Tu boiras à longs traits tout le sang de l'Europe
Parce que tu es beau et que seul tu es noble
Parce que c'est dans toi que Dieu peut devenir
Et tous mes vignerons dans ces belles maisons
Qui reflètent le soir leurs feux dans nos deux eaux
Dans ces belles maisons nettement blanches et noires
Sans savoir que tu es la réalité chantent ta gloire
Mais nous liquides mains jointes pour la prière

Nous menons vers le sel les eaux aventurières
Et la ville entre nous comme entre des ciseaux
Ne reflète en dormant nul feu dans ses deux eaux
Dont quelque sifflement lointain parfois s'élance
Troublant dans leur sommeil les filles de Coblence

Les villes répondaient maintenant par centaines
Je ne distinguais plus leurs paroles lointaines
Et Trèves la ville ancienne
A leur voix mêlait la sienne
L'univers tout entier concentré dans ce vin
Qui contenait les mers les animaux les plantes
Les cités les destins et les astres qui chantent
Les hommes à genoux sur la rive du ciel
Et le docile fer notre bon compagnon
Le feu qu'il faut aimer comme on s'aime soi-même
Tous les fiers trépassés qui sont un sous mon front
L'éclair qui luit ainsi qu'une pensée naissante
Tous les noms six par six les nombres un à un
Des kilos de papier tordus comme des flammes
Et ceux-là qui sauront blanchir nos ossements
Les bons vers immortels qui s'ennuient patiemment
Des armées rangées en bataille
Des forêts de crucifix et mes demeures lacustres
Au bord des yeux de celle que j'aime tant

Les fleurs qui s'écrient hors de bouches
Et tout ce que je ne sais pas dire
Tout ce que je ne connaîtrai jamais
Tout cela tout cela changé en ce vin pur
Dont Paris avait soif

Me fut alors présenté

Actions belles journées sommeils terribles
Végétation Accouplements musiques éternelles
Mouvements Adorations douleur divine
Mondes qui vous rassemblez et qui nous ressemblez
Je vous ai bus et ne fut pas désaltéré

Mais je connus dès lors quelle saveur a l'univers

Je suis ivre d'avoir bu tout l'univers
Sur le quai d'où je voyais l'onde couler et dormir les bélandres

Écoutez-moi je suis le gosier de Paris
Et je boirai encore s'il me plaît l'univers

Écoutez mes chants d'universelle ivrognerie

Et la nuit de septembre s'achevait lentement
Les feux rouges des ponts s'éteignaient dans la Seine
Les étoiles mouraient le jour naissait à peine

www.ingramcontent.com/pod-product-compliance
Lightning Source LLC
LaVergne TN
LVHW101923220826
846093LV00009B/347

* 9 7 8 2 3 8 2 7 4 0 5 1 4 *